NOTICE

SUR

F. J. MARTEAU.

François-Joseph MARTEAU naquit à Boulogne, dans la haute-ville, le 10 juin 1732, de *Marin* MARTEAU, avocat, et de *Jeanne-Françoise* GÉNEAU. Il y fut baptisé le 12, ayant pour parrain Noël Marteau, procureur du roi au bailliage d'Etaples, et pour marraine Marie-Josèphe Wiart, de la paroisse de St.-Nicolas,

Il fit, probablement à Paris et étant fort jeune, la connaissance de J.-J. Rousseau ; il eut même le bonheur de lui laisser de leurs rapports personnels des souvenirs durables. On lit dans la correspondance de cet homme célèbre une lettre en date du 14 octobre 1764, qu'il écrivit à Marteau, et dans laquelle il le remercie de lui avoir envoyé un ouvrage dont il était l'auteur. J.-J. Rousseau loue cet ouvrage où il a trouvé, dit-il, *des sentiments, de l'honnêteté et du goût* ; et il ajoute : « il m'a rappelé avec plaisir notre ancienne connaissance. » Cependant, il n'hésite pas a le regarder comme une de ces *bagatelles* auxquelles il conseille à l'auteur de ne point borner l'emploi du talent qu'il paraît avoir.

Marteau a publié en 1770, six ans après cette lettre, sous ce titre : *Le Songe d'Irus ou le bonheur*, un conte en vers dédié à J.-J. Rousseau, suivi de *Silvestre*, conte en prose, et de quelques apologues. Le volume ne porte point de nom d'auteur. La bibliothèque publique de notre ville en possède un exemplaire sur lequel on a écrit qu'il avait été composé *par Marteau de Boulogne*. Le *Dictionnaire des Anonymes* et la *France Littéraire* de Quérard le lui attribuent effectivement. Dans sa dédicace à J.-J. Rousseau il parle de leurs relations : « A peine, lui dit-il, « ai-je lié connaissance avec vous, à peine ai-je eu le » plaisir de vous voir : mais *on sait* que je chéris votre » personne et vos écrits. »

Il faut remarquer ces mots *on sait* qui indiqueraient que Marteau avait témoigné publiquement son affection pour Rousseau dont la correspondance ne contient qu'une seule lettre qui lui soit adressée ; c'est-à-dire celle dont nous venons de parler. Elle répond à la lettre que Marteau lui avait écrite le 4 août précédent, en lui envoyant son ouvrage. La réponse de Rousseau dans la plupart des éditions de ses œuvres ne porte point de nom de lieu ; mais dans l'édition donnée à Paris en 1793 elle est datée de *Moitiers*, dans le canton de Neufchâtel, en Suisse, où il s'était retiré du reste depuis deux ans, pour échapper aux persécutions que la publication de son *Emile* lui avait suscitées en France.

Ce fait est utile à fixer en ce qu'il aide à faire connaître le lieu où Marteau se proposait alors de s'établir. Il s'était ouvert à Rousseau de ses projets dans lesquels entrait celui de son mariage. Nous ignorons s'ils eurent quelque suite ; mais J.-J. ne les approuva point. « **Ne** » songez pas, lui écrivit-il *à venir ici avec une femme* » *et douze cents livres de rente viagère pour toute* » *fortune.* **La liberté met ici tout le monde à son aise.** « Le commerce qu'on ne gêne point y fleurit ; on y » a beaucoup d'argent et peu de denrées ; *ce n'est* » *pas le moyen d'y vivre à bon marché.* **Je vous** » conseille aussi de bien songer *avant de vous marier,* » à ce que vous allez faire. Une rente viagère n'est » pas une grande ressource pour une famille. » On voit que cette lettre respire une grande bienveillance pour celui à qui elle était écrite, et l'on peut croire qu'il avait mérité ces témoignages d'intérêt de la part d'un homme qui ne les prodiguait pas.

Nous n'avons pu découvrir, si l'ouvrage que Marteau offrit à Rousseau en 1764 est celui-là même qu'il publia en 1770, et s'il le lui présenta manuscrit ou imprimé. *L'Année Littéraire* de Fréron, dans sa correspondance du 24 août 1764, parle d'une brochure publiée dans ce mois sous le titre de *Lettres d'un Jeune Homme,* et sans nom d'auteur ; et le critique remarque que « l'auteur est plein de la lecture de *Rousseau* de Genève. » De plus, au milieu des extraits qu'on en donne et surtout dans la préface de ces lettres, on trouve ce ton d'abandon et de modestie, cette manière simple qu'offre la publication du *Songe d'Irus,* et cette même facilité d'auteur à faire bon marché de son livre sous le rapport de sa valeur littéraire, dès l'instant où la morale peut y gagner quelque chose.

Tout cela, nous le sentons bien ; tous ces rapprochemens ne suffisent pas pour établir d'une manière certaine que Marteau ait composé les *Lettres d'un Jeune Homme*. Mais nous nous représentons qu'à l'époque où elles parurent, Marteau n'avait que 32 ans et pouvait se dire un *jeune homme* ; qu'il venait d'envoyer lui-même un ouvrage de sa composition à J.-J. Rousseau ; que Rousseau y avait trouvé les qualités dont *l'Année Littéraire* a fait honneur aux *Lettres*, en louant le ton de *vertu* et *d'honnêteté* qui y régnait partout ; et que la même *Année Littéraire* en jugeant leur auteur *plein de la lecture de Rousseau* a ajouté un trait de plus à la comparaison avec celui qui fit profession publique de chérir et sa personne et ses écrits. Enfin la publication des *Lettres* a été anonyme comme le fut six ans plus tard celle du *Songe d'Irus*.

Fréron s'est aussi occupé dans sa feuille, de l'analyse de ce dernier ouvrage. Le *Journal des Savans* se borna à l'annoncer. Le jugement qu'en porta *l'Année Littéraire* est assez sévère, et elle se servit même d'une idée ingénieuse exprimée par l'auteur dans une des pièces de son recueil, pour formuler la critique de tout le recueil. Cette pièce est intitulée : *Les Écoliers et la Boule de Neige*. On y montre une boule de neige que des écoliers se passent l'un à l'autre pour l'arrondir au mieux, et qui finit par se fondre entre les mains de l'un d'eux. A son apologue, l'auteur a donné cette morale :

> « L'ouvrage le plus énergique,
> Bien pensé, bien écrit, élégant, régulier,
> Se fondrait ainsi tout entier
> Entre les mains de la critique. »

Ce qui fait dire à l'écrivain de *l'Année Littéraire*, après un éloge de cette pensée : « Combien d'ouvra- » ges sont *boules de neige* et se fondraient entre les » mains de la critique, si elle voulait user de tous » ses droits. » Puis il ajoute : « l'auteur lui-même, s'il » est sage, *se gardera bien de soumettre le sien à cette* » *épreuve.* » C'était bien la peine de montrer de l'esprit et d'avoir une idée heureuse !

Assurément le volume publié par Marteau en 1770, n'est point une œuvre de haute portée ; mais il prouve que son auteur possédait l'art d'écrire avec goût, et de raconter en vers d'une manière intéressante, et il justifie Rousseau de lui avoir reconnu du talent. Il n'était pas nécessaire de lui reprocher, comme l'a fait en outre le Journal de Fréron, d'avoir exprimé des idées qui ne venaient pas de lui : puisque lui-même avait eu le soin d'en prévenir le lecteur. Ses emprunts ont été d'ailleurs quelquefois si saisissans qu'ils se fussent même passés d'un semblable avertissement, parce que tout le monde devait sentir que son intention ne pouvait être de les dissimuler. Tel est par exemple dans l'apologue intitulé : *La Petite Maîtresse et la Ménagère des Champs*, cette image d'une ménagère qui présente à la petite maîtresse, ses trois enfans comme sa plus chère parure, laquelle est évidemment prise du trait si populaire de la vie de Cornélie, mère des Gracques. Cet apologue est dédié au *duc de Nivernois*, qui faisait des vers agréables, et tenait une cour de poètes, dans laquelle il est présumable que Marteau s'est trouvé admis. On peut l'induire des vers suivans où il s'adresse au duc lui-même et qui terminent l'apologue.

« Vous, qui des Rois, et du Parnasse
Réglez les intérêts divers,
Qui nous donnez la paix, et qui faites des vers
Avec tant de succès, avec la même grâce,
Duc aimable, modeste et d'un si rare esprit,
Qui joignez l'art de plaire à l'extrême prudence ;
Souffrez que votre nom décore cet écrit.
 Dois-je en concevoir l'espérance ?
 Et par cette insigne faveur,
 Voudrez-vous éprouver mon cœur,
 Mon respect, ma reconnaissance ? »

On a imprimé dans un recueil de poésies composées sur la Rosière de Salency, une *épître aux Salenciens* dont Marteau est l'auteur. M. de Pressy, évêque de Boulogne, a reproduit cette épître en 1780 à la fin d'un réglement épiscopal., en annonçant qu'elle était d'une personne *originaire de ce diocèse*. Cependant elle est signée dans la publication de M. de Pressy, *par M. Marteau de Gonsonville, près Mantes-sur-Seine*. Goussonville et non pas *Gonsonville* (nous en avons négligé la remarque dans un précédent travail*),est une commune du canton de Mantes, dans le département de Seine-et-Oise; mais Marteau a pu se dire de Goussonville, pour exprimer qu'il y demeurait ou qu'il s'y était retiré, sans vouloir dire par là qu'il y était né. C'est en ce sens que sa famille le désigne encore de nos jours, à Boulogne, sous le nom de Marteau de *Mantes*.

On nous fait espérer que des poésies manuscrites dont il serait l'auteur et que l'on croit avoir vues dans des papiers de famille, pourraient s'y retrouver. Il se-

---

* *Essai bibliographique sur les principales impressions boulonnaises des 17e et 18e siècles.* Page 33.

rait, en effet, extraordinaire que Marteau ne se fût pas livré à la composition de quelques autres ouvrages dans les années qui suivirent sa publication du *Songe d'Irus*, et qu'il eût renoncé tout d'un coup à la poésie. L'*Epître aux Salenciens* prouverait au besoin qu'il n'en resta pas là.

Voilà tout ce que nos recherches et nos études nous ont fait connaître de la vie et des écrits de Joseph Marteau qui est demeuré jusqu'ici inconnu aux biographes, et que la ville de Boulogne devra désormais compter au nombre de ceux de ses enfants qui l'ont honorée par leurs talens.

FRANÇOIS MORAND.

Octobre 1847.

Boulogne.—Imp. de F. Birlé.